ÉTUDES DE PHILOSOPHIE NATURELLE

N° 3

DE L'EXPÉRIENCE DE MONGE

AU DOUBLE POINT DE VUE

EXPÉRIMENTAL ET RATIONNEL

PAR

J.-ÉMILE FILACHOU

DOCTEUR ÈS-LETTRES.

Lux est ante lumen.
DESCARTES, *Epist.* LVII.

MONTPELLIER

TYPOGRAPHIE ET LITHOGRAPHIE DE BOEHM ET FILS
PLACE DE L'OBSERVATOIRE

1868

En Vente chez les mêmes Libraires.

OUVRAGES DU MÊME AUTEUR

Examen de la rationalité de la Doctrine Catholique. 1 vol. in-8°. 1849.

La clef de la Philosophie ou la vérité sur l'Être et le Devenir. 1 vol. in-8°. 1851.

Traité des Facultés. 1 vol. in-8°. 1859.

De Categoriis. Dissertatio philosophica. 1 vol. in-8°. 1859.

Principes fondamentaux de Philosophie mathématique. 1 vol. in-8°. 1860.

De la pluralité des mondes. 1 vol. in-12. 1861.

Traité des Actes, Sommaire de Métaphysique. 1 vol. in-12. 1862.

ÉTUDES DE PHILOSOPHIE NATURELLE.

N° 1. Système des trois règnes de la nature. 1 vol. in-12. 1864.

N° 2. Réponse directe à M. Renan, ou démonstration philosophique de l'incarnation. 1 vol. in-12. 1864.

Montp. — Typogr. BOEHM et FILS.

ÉTUDES DE PHILOSOPHIE NATURELLE

N° 3

DE L'EXPÉRIENCE DE MONGE

AU DOUBLE POINT DE VUE

EXPÉRIMENTAL ET RATIONNEL

ÉTUDES DE PHILOSOPHIE NATURELLE
N° 3

DE
L'EXPÉRIENCE DE MONGE
AU DOUBLE POINT DE VUE
EXPÉRIMENTAL ET RATIONNEL

PAR

J.-ÉMILE FILACHOU

DOCTEUR ÈS-LETTRES.

Lux est ante lumen.
DESCARTES, *Epist.* LVII.

MONTPELLIER
TYPOGRAPHIE ET LITHOGRAPHIE DE BOEHM ET FILS
PLACE DE L'OBSERVATOIRE.

1868

THÉORIE DE LA LUMIÈRE

Expérience de Monge.

---

1. Un des faits les plus curieux et les plus remarquables de l'optique physique est l'expérience de Monge. Ce fait, suivant nous fondamental, a-t-il été convenablement, soit exposé, soit expliqué par les bons physiciens de notre époque ? Et, s'il ne l'a point été par hypothèse, est-il au moins susceptible d'exposition et d'explication catégorique ? C'est ce que nous nous proposons aujourd'hui d'examiner dans ce travail.

2. Parmi les auteurs ayant récemment porté leurs investigations sur ce point, nous en distinguons deux éminemment compétents en la matière : ce sont MM. Billet et Jamin. Laissons d'abord parler le premier d'entre eux ; il s'exprime

ainsi qu'il suit dans son *Traité d'optique*, tom. I, pag. 280 :

« Jusqu'à présent, dit M. Billet, nous avons surtout considéré les deux rayons issus par double réfraction d'un seul rayon incident. Quand il s'agit de la vision d'un point lumineux à travers un spath, le point de vue change, car les deux faisceaux ordinaire et extraordinaire qui atteignent l'œil et donnent sur la rétine les deux images du point, *proviennent de deux faisceaux incidents distincts*. Si nous sup-

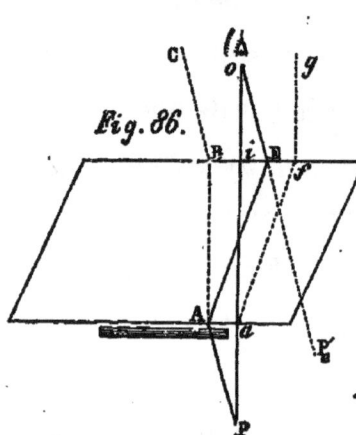

Fig. 86.

posons (*fig.* 86) la ligne Po, qui joint l'œil et le point, normale aux deux faces parallèles du spath, on voit en effet que Po sera le rayon ordinaire reçu par l'œil et que son extraordinaire afg, jeté à droite, manquera l'œil. Le rayon extraordinaire qui l'atteint aura suivi une route telle que PAEo, et sera le conjugué d'un ordinaire ABC qui passera de l'autre côté de l'œil. Quant aux lieux apparents des deux images, si oP et oE sont les axes des deux pinceaux admis par la pupille, nous savons qu'elles sont sur les directions dernières des rayons lumineux, c'est-à-dire, sur oP et sur oE, et que la réfraction les rapproche inégalement, à savoir : l'ordinaire de $\frac{n-1}{n} e = 0,39 e$, et l'extraordinaire d'une quantité que nous ne nous proposons pas de calculer, mais qui est, en général, bien moindre. Cela posé, l'expérience de Monge consiste à passer lentement un écran contre le spath, du côté du point ; on voit avec surprise disparaître d'abord l'image qui semblerait ne devoir être masquée que la dernière.

« Le rayon extraordinaire, *séparé par l'action d'une lame parallèle*, reprend au-delà de cette lame la direction du rayon qui l'a engendré, et cette condition de parallélisme est un guide utile dans la construction de la figure précédente. Quand le point dont on voit les deux images, au lieu d'être en dehors du cristal, se trouve en *a* sur sa surface même, on peut remplacer l'idée de parallélisme par l'idée de la répulsion de l'axe, et l'on voit que le pinceau extraordinaire aura suivi une route telle que *aeo* (*fig.* 87). »

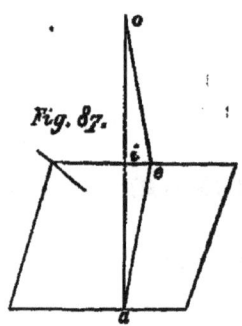

Fig. 87.

Ainsi parle M. Billet. L'exposition du fait y vient, comme on voit, après l'explication qu'en a donnée l'auteur sans faire à l'appui le moindre raisonnement en forme ; et déjà, par la seule légèreté de ce procédé, nous sommes suffisamment en droit de préjuger combien il est peu sûr de ce qu'il avance. Mais entrons dans les détails, et bientôt nous serons pleinement convaincus qu'à l'exposition la plus incomplète il joint les suppositions les plus gratuites, les assertions les plus arbitraires et les raisons les plus nulles ou les plus fausses.

1° L'exposition de M. Billet est souverainement incomplète. En preuve de cette accusation, nous ne signalerons qu'un point pleinement suffisant à l'établir. M. Billet parle toujours comme si le rayon extraordinaire subissait seul l'éclipse anticipée qu'atteste l'expérience de Monge, et ne paraît pas soupçonner que, en renversant les deux images, on reproduit identiquement le même phénomène. Il parle donc sans donner ou conserver au fait en question toute sa généralité.

2° M. Billet admet les suppositions les plus gratuites. Ici, par exemple, la bifurcation des deux rayons ordinaire et extraordinaire est censée commencer en P, *commune origine du rayon ordinaire* P*ao et du rayon extraordinaire* PAE*o*. Là, le rayon extraordinaire n'est plus censé devenir distinct de l'ordinaire, que lorsqu'il en est *séparé par l'action d'une lame parallèle*. Nous avons souligné ces mots dans le texte, pour qu'on les remarque mieux. Évidemment, ces deux manières de voir s'accordent peu, et sont même contradictoires ; mais encore quelle preuve en donne-t-il ? Aucune. Ce sont donc là deux pures suppositions introduites à plaisir.

3° Quand M. Billet entreprend de donner des raisons, il les prend arbitrairement et tout à fait comme l'exige le besoin du moment. S'agit-il, par exemple, du fait représenté (*fig.* 86), il invoquera le principe du *parallélisme des rayons* à l'entrée et à la sortie du cristal. S'agit-il au contraire du fait représenté (*fig.* 87), il invoquera le principe de la *répulsion de l'axe*. Pourquoi le principe du parallélisme est-il plutôt de mise là qu'ici, et inversement le principe de la répulsion de l'axe plutôt de mise ici que là? Peu lui importe. Le principe qui l'accommode est le sien ; il suit donc une marche absolument arbitraire.

4° Enfin, les raisons de M. Billet ne sont pas des raisons mais des défaites, et ne l'empêchent point d'aboutir au contradictoire ou à l'absurde. En effet, prenons d'abord l'idée de *parallélisme*. Cette idée vaut pour expliquer le parallélisme des lignes PA et E*o* (*fig.* 86), mais elle ne vaut aucunement pour expliquer ni l'existence ni la direction de la ligne intermédiaire AE, parmi toutes celles qui pourraient résulter du rayonnement indéfini du point P sur la face inférieure du cristal. Prenons ensuite l'idée de *répulsion de l'axe*. Cette idée-ci, du moins, a cela de spécieux qu'elle semble d'abord rendre raison de la commune direction des lignes AE (*fig.* 86) et *ae* (*fig.* 87), et permet ainsi de traiter les deux cas de la même manière ; mais, outre qu'on ne comprendrait plus alors comment le rayon extraordinaire devrait être censé provenir tantôt de A (*fig.* 86), tantôt de *e* (*fig.* 87), ni comment, malgré cette diversité d'origine, les distances *i*E et *ie* (de l'angle d'immergence au rayon ordinaire normal), resteraient égales, on serait ramené forcément à cette hypothèse unique, que la bifurcation du rayon lumineux en ordinaire et extraordinaire est l'effet d'une action du cristal intermédiaire entre le point et l'œil; et M. Billet, comme nous l'avons vu, ne repousse point cette manière de voir. Or, si réellement le raison du dédoublement des images était dans le cristal, jamais la marche de l'un des rayons ne pourrait être interrompue par l'interposition d'un écran entre le point lumineux et la face inférieure du cristal, puisque l'obstacle serait antérieur à la séparation des rayons. Cependant, il est bien certain par l'expérience que, dans le cas même de la (*fig.* 87), un rayon passe, et non pas l'autre, après l'interposition de l'écran, et cela, n'importe à quelle hauteur on tienne le spath au-dessus du point lumineux. Donc les raisons de ce fait alléguées par M. Billet, ou sont tout à fait nulles, ou tombent même en contradiction avec elles-mêmes; et ses explications ne sont pas ainsi moins défectueuses que son exposition incomplète.

3. Entendons maintenant M. Jamin. Ce dernier ne croit point avoir besoin d'invoquer d'autre principe que le *parallélisme des rayons*, et s'appliquant en conséquence à le bien démontrer préalablement, il l'emploie de suite à rendre raison de l'expérience de Monge en ces termes, extraits de son *Cours de Physique,* tom. III, pag. 606 :

« Ceci explique une curieuse expérience due à Monge. Quand on place un cristal au-dessus d'un point lumineux L (*fig.* 812) et qu'on regarde du point O, on voit deux images, l'une ordinaire L qui n'a point été déviée, l'autre L' qui est jetée de côté. Comme les rayons incident et émergent LA et CO sont parallèles, *il faut* que le faisceau extraordinaire intérieur AC coupe le faisceau ordinaire LO. Aussi, en faisant glisser sous le cristal un obstacle M à gauche de LO, on voit disparaître l'image L' qui est à droite. »

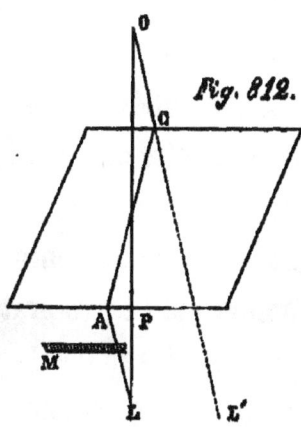

Fig. 812.

Dans ce passage trop concis, M. Jamin ne se préoccupe évidemment, pas plus que M. Billet, de donner une idée complète du phénomène considéré, mais au moins il a l'air de procéder avec rigueur dans ses raisonnements ; et, grâce à sa précision ou netteté de langage, nous pourrons le réfuter plus à l'aise.

Il est bien certain : d'abord, que les deux rayons OPL et OCL' sont donnés par l'observation ; mais si OC est donné, LA posé par M. Jamin parallèlement à OC ne l'est pas de même, au moins immédiatement : c'est donc encore un problème de savoir si nous devons faire partir le dédoublement des images du point L ou du point P (*fig.* 812). Quand, alors, M. Jamin établit, en principe et en fait, le parallélisme des deux rayons, l'un donné OC, et l'autre encore problématique LA, il ne part point d'un fait réel constant, et le : *il faut*, qu'il infère de là, demeure sans valeur et sans force, comme induit très-gratuitement ou manquant de base. Le vice actuel de son raisonnement deviendra manifeste, si l'on veut bien l'appliquer aussi défectueusement ailleurs, en disant, par exemple : il est expérimentalement certain que tout corps pesant lancé verticalement en haut et retombant librement, doit redescendre suivant la même verticale. Soit donc un corps pesant aperçu décrivant dans sa chute une certaine verticale : en vertu de la correspondance admise entre les deux mouvements d'ascension et de chute, *il faut* dire alors que, de fait, ce même corps n'a point suivi d'autre chemin en montant qu'en descendant. Et, cependant, que de fois les corps descendant verticalement (v. g. les gouttes de pluie) ont suivi d'autres routes pour s'élever en l'air que pour descendre!... D'un fait naturel *à posteriori*, quelque relié qu'il soit *expérimentalement* avec une autre fait réel *à priori*, l'on ne peut donc rien conclure de certain par rapport à ce dernier, en l'absence de tout lien *nécessaire* impliquant une complète réciprocité de dépendance absolue de l'un à l'autre.

Mais le plus grand défaut d'un auteur n'est point de raisonner en l'air, il est de se contredire et d'établir le pour et le contre sur le même sujet. Pour démontrer ici que M. Jamin échoue contre ce dernier écueil, il suffit de comparer son enseignement actuel avec ce qu'il admet ailleurs, d'accord avec tous les physiciens. C'est, en effet, un principe absolu pour lui, comme pour tout le monde, que, dans tous les cas d'incidence non normale et plus ou moins oblique, tous les rayons lumineux, soit ordinaire, soit extraordinaire, passant d'un milieu moins dense dans un autre plus dense, se rapprochent réellement, quoique inégalement, de la normale au point d'immersion, mais ne la coupent ou retraversent jamais. Or, dans le cas présent, M. Jamin admet justement que le rayon extraordinaire LA, qu'il imagine se réfracter en A, coupe la normale LO, comme si tantôt (dans ce cas de propagation dans un cristal négatif) le rayon extraordinaire était moins attiré que l'ordinaire par l'axe du cristal, et tantôt plus !... Donc, par son *il faut*, M. Jamin viole ici les principes les plus fondamentaux ou confond les notions les plus usuelles de la physique ; et par conséquent, quoique plus ferme et meilleur logicien en apparence, ce dernier auteur n'est point plus heureux que le précédent, dans son explication de l'expérience de Monge.

4. L'explication de cette même expérience, que nous allons maintenant entreprendre de donner à notre tour, n'est point, en dernière analyse, difficile à trouver, ni à déduire des faits bien et dûment observés, mais elle le paraît néanmoins

beaucoup de prime abord par l'apparente impossibilité préalable de concilier les deux conditions inséparables du phénomène, qui sont l'*apparente participation nécessaire du cristal à l'évènement,* d'une part; et l'*également nécessaire séparation ou distinction réelle préalable des deux rayons ordinaire et extraordinaire,* de l'autre. Nous nous tirons de cette difficulté par cette simple observation : que la séparation ou distinction réelle préalable des deux rayons lumineux n'est qu'un *fait absolu* primitif, postérieurement redevable à la seule intervention du milieu cristallin, de toutes les *déterminations relatives* signalées en lui par l'expérience. Pour établir cette proposition et démontrer d'ailleurs qu'elle répond complètement à la question présente, nous présenterons d'abord une exacte analyse du fait, et puis nous conclurons.

5. De même qu'un corps, pour être bien vu, doit l'être, non d'un seul côté, mais de tous les côtés, ainsi que d'en haut et d'en bas, ainsi tout

fait qu'on veut bien connaître, s'il est surtout complexe comme le sont tous les faits de l'ordre physique, doit être étudié dans toutes ses circonstances, depuis la plus saillante jusqu'à la plus insignifiante en apparence ; car, *à priori*, l'on n'a pas de raison de réputer l'une d'elles moins influente ou moins importante que toute autre, et nul fait tronqué ne mérite vraiment le nom de fait. Ainsi considérée, mais étudiée d'abord dans ce qu'elle a de plus simple, l'expérience de Monge se pratique en marquant sur une feuille de papier blanc un point noir, et tenant ou plaçant au-dessus un spath d'Islande, sous lequel on fait ensuite mouvoir un écran susceptible d'intercepter en un certain moment la vue du point noir que permet la transparence du spath. Le cristal de ce nom a la vertu, non (comme on dit) de doubler, mais de *montrer* double l'image de tout objet qu'on aperçoit à travers. Alors, quand on regarde à travers le spath le point noir marqué sur le papier, on en doit voir deux au lieu d'un seul, et c'est ce qui arrive en effet. De plus, si l'on interpose l'écran et qu'on ait devant soi les deux images du point rangées en ligne droite dans le sens du rayon visuel, l'écran qu'on fera mouvoir en avant, au lieu de recouvrir d'abord l'image la plus rapprochée de soi, recouvrira justement plus tôt l'image plus éloignée qui semblerait devoir s'éclipser la dernière. Et si pour lors, afin d'éprouver si ce singulier effet tient ou ne tient pas à la nature de l'une ou de l'autre des images apparentes, on imagine de les renverser pour répéter sur elles la même opération, on retrouve, à son grand étonnement, que de nouveau l'image la plus éloignée se voile avant la plus prochaine. L'alignement des deux images que nous avons déjà signalé, témoigne lui-même d'une constance remarquable ; car, si l'on fait tourner le cristal sur lui-même, l'une des images tourne autour de l'autre, en preuve que leur plan ne change pas. Mais, alors, on devient témoin d'un nouveau phénomène non moins curieux et consistant en ce que, des deux images d'abord inégales en hauteur pour qui les considère en face et de haut, la moins haute, pendant une partie de la révolution, paraît se relever dans une autre partie du circuit; c'est pourquoi l'on peut dire d'elles qu'elles vacillent en hauteur et tendent à alterner sous ce rapport. D'ailleurs, si l'on change de position et qu'on regarde plus ou moins obliquement dans le spath, il est aisé de voir que l'unité de direction n'implique aucunement l'unité de vitesse ; car les deux images n'apparaissent plus également distantes entre elles, et les courbes elliptiques qu'elles décrivent alors, s'allongent et se raccourcissent tour à tour. Ainsi, tandis que le plan des deux images se montre persévérant, leur écart ou distance apparente se montre au contraire variable.

6. Mais ce n'est pas tout; toutes les expériences que nous venons de faire ont été faites dans *un seul* mode d'expérimentation consistant à regarder, à travers un spath intermédiaire, une image objective, à la fois terme de vision et foyer de lumière ; et ce *premier* mode d'expérimentation ne paraît pas propre à nous révéler immédiate-

ment si le dédoublement des images date de l'objet même, ou provient au contraire du spath interposé. Pour conformer l'expérience à cette fin, force nous est alors d'en changer le mode, en séparant, dans l'image objective, l'objet lui-même de son image, et nous remettant par là même en état de passer à notre gré l'écran, soit entre le spath et le foyer lumineux, d'une part, soit entre le spath et l'image apparente, de l'autre. Car, avons-nous le bonheur, en passant l'écran entre le spath (ou tout autre cristal) et le foyer lumineux, d'opérer les mêmes phénomènes que nous opérions naguère en opérant entre le spath et l'image objective, il nous sera dès-lors bien évident que le dédoublement du rayon lumineux en précède l'entrée dans le cristal, et que l'intervention de ce dernier est alors nécessaire, non pour le faire, mais seulement pour l'accuser. Or le *nouveau* mode d'expérimentation est aussi possible et même facile que le précedent. Soit, pour cela, pratiquée sur le volet d'une fenêtre une très-petite ouverture; et, tenant de la main gauche une lame cristalline telle qu'une lame de quartz parallèle à l'axe, qu'on reçoive sur elle le mince filet de lumière solaire admise par l'ouverture, tandis qu'on fait passer de la main droite l'écran entre cette même ouverture et la lame de quartz : alors on verra de nouveau, comme précédemment, l'image la plus éloignée se voiler régulièrement avant la plus prochaine. Puisqu'il en est ainsi, les deux images ont donc, chacune, une *existence individuelle* avant d'atteindre la lame; car comment concevrait-on autrement que le même écran qui laisse passer l'une, empêche l'autre ? Donc, d'abord les deux images existent séparées, quoique *invisibles*, au foyer et sur le trajet de la lumière, et la lame cristalline intervient, encore une fois, non pour en faire, mais pour en accuser simplement la distinction.

L'importance de cette conclusion nous détermine à signaler un *troisième* mode d'expérimentation possible avec l'appareil de polarisation conique. Cette dernière expérience est surtout remarquable et ravissante, en ce qu'elle permet de voir, non un simple point, mais tout un anneau lumineux s'éclipser avant le point central qu'il environne. Voici la manière d'opérer : Quand on a disposé l'appareil de manière à produire l'anneau lumineux avec centre noir, on peut ou retirer vers soi la lentille, ou l'enfoncer encore davantage. C'est ceci qu'il faut faire, et, quand on l'a fait, a-t-on le soin de passer lentement l'écran au devant de l'appareil sur le trajet des rayons lumineux : on ne voit pas sans admiration l'anneau lumineux se voiler tout entier avant le point central et brillant, qu'il circonscrit néanmoins de toutes parts.

7. Si, maintenant, la matière a seulement la vertu de *montrer* ou d'*accuser* les divisions ou les accidents de la lumière qu'elle ne constitue pas, il faut admettre, et qu'il y a deux sortes de lumières, l'une *visible* en la matière, l'autre *invisible* de prime abord en elle-même, et que cette dernière, n'empruntant à celle-là que les occasions de paraître, en est radicalement le fond et la forme intelligible. Il est donc absurde de chercher à se faire *empiriquement* un système com-

plet et *rationnel* de la lumière. Le sensible reflète bien l'idéal, mais l'idéal est seul propre à fonder le sensible; et ce qu'il y a d'étrange, c'est qu'il y ait des hommes vraiment savants qui ne comprennent point ces vérités élémentaires. Les physiciens, comme on l'a vu, ne savent point s'élever, dans leur explication de l'expérience de Monge, au-dessus des deux principes du *parallélisme des rayons* ou de la *répulsion de l'axe*. Or, après les expériences décisives précédentes, que sont ces principes reconnus incessamment défectueux, auprès de ceux infiniment plus larges qu'elles impliquent évidemment, si ce n'est ce que seraient par exemple, les petits doigts d'une statue colossale auprès de son buste ou de son corps entier, c'est-à-dire, des faits d'ordre inférieur absolument incomparables avec ceux d'ordre supérieur auxquels on les rapporte ou substitue si légèrement ? Le premier de ces principes, ou le parallélisme des rayons, est assurément de mise partout où la *réfraction ordinaire* suit ses lois naturelles; et de même le second de ces principes, ou la répulsion de l'axe, a sa valeur, tant qu'on ne cherche point à s'élever au-dessus du cours *apparent* régulier des phénomènes physiques. Mais il y a des cas où l'on ne peut s'empêcher de scruter le fond secret et *réel* des mêmes phénomènes; il y a des cas encore où les lois de la réfraction ordinaire sont plus ou moins *contredites*, et, la nature physique changeant alors d'allure ou de niveau, force est évidemment de changer de principes ou d'en adopter de nouveaux, si l'on ne veut rester en arrière ou au-dessous d'elle. Reprenant ici la question pendante au point où l'ont élevée les expériences précédentes, nous savons déjà que, sans introduire en la lumière (tout d'abord invisible en ses modes) des états qu'elle ne contiendrait pas, la matière cristalline a la vertu de les accuser ou rendre visibles. Mais rien n'empêche ici de regarder cette matière comme déjà constituée par hypothèse. Quand, alors, la lumière l'aborde, la trouvant faite suivant l'un de ses modes très-réels, quoique implicites encore, la lumière se détermine instantanément suivant le mode qu'elle lui reconnaît et qui devient, par là même, d'implicite, explicite. Comme, toutefois, cette détermination de la lumière, quoique produite à l'occasion du dehors et dans la matière, ne dépend radicalement que d'elle-même, le rapport de ses états qualifiés naguère d'*implicites* et d'*explicites* demeure celui de cause à effet. De plus, tel est en général le rapport de cause à effet, qu'en lui les modes de l'activité sont inverses et corrélatifs, comme ceux de haut et de bas ou de droite et de gauche ; c'est pourquoi, si par exemple une direction donnée gagne la droite, il faut admettre qu'elle vient de la gauche, etc. D'après cela, s'il arrive que, de fait, le rayon lumineux extraordinaire tienne la droite de la figure 86 ou 87, etc., l'on doit admettre, par symétrie, qu'en principe il occupe la gauche. Par là, ni le principe de la répulsion de l'axe ni celui du parallélisme des rayons ne sont violés, mais ils sont dépassés, annulés et remplacés par d'autres tels que ceux que nous allons énumérer, et que nous appellerons l'*indépendance*, la *connexion* et la *solidarité* des rayons lumineux. Dès-lors que deux rayons lumineux sont réellement distincts, ils jouissent déjà d'une existence indépendante ; mais malgré cette indépendance d'*existence*, ils ne sont pas incapables d'une certaine inégalité de *rôle*, et manifestement le plus central d'entre eux l'emporte un peu sur l'autre, réduit à circuler à son entour. Néanmoins, occupant encore l'un et l'autre dans le monde *apparent*, une position singulière inverse de celle qui leur correspond à chacun dans le monde *réel*, ils semblent se protéger *également* l'un l'autre ; car toujours le premier attaqué dans le monde *apparent* n'est que le second à souffrir de l'attaque dans le monde *réel* supérieur. Allons maintenant plus loin, et nous reportant au cas de la troisième expérience, imaginons l'un des rayons réduit à se circonscrire tout entier autour de l'autre central : la diffusion du rayon circonscrit n'en détruisant point alors l'unité radicale essentielle, mais l'obligeant seulement à servir de tous côtés de rempart au rayon intérieur, mieux partagé désormais à tous égards, la subordination apparaît beaucoup plus profonde, et tout le rayon annulaire devra cette fois disparaître avant l'interne, sans qu'on puisse concevoir l'interne lui rendre ultérieurement, à moins d'un entier renversement, de sort, le même office. Voilà donc comment insensiblement la question pendante s'est transformée pour nous, et de physique est devenue morale, car, aux principes physiques du *parallélisme des rayons* et de la *répulsion de l'axe*, nous avons vu succéder ceux d'*existence indépendante*, d'*exercice dépendant* et de *solidarité, soit absolue, soit relative*. Nous concevons très-bien que ces nouveaux principes ne soient plus du goût des physiciens, surtout comme n'étant point immédiatement exprimables en x ou en y. Mais qu'y faire? Au-dessus du physique calculable et mesurable, il faut se résigner à voir *l'idéal et le moral,* qui ne se calculent ni ne se mesurent, ou *rien;* et n'aimant point ce *rien*, le parti des désespérés! nous nous plaisons d'autant plus à bâtir le *physique* sur l'*idéal* et le *moral*, qu'en ces trois choses réunies nous voyons *tout*.

La science s'acquiert par le travail et s'honore

par le désintéressement; mais la pierre de touche en est la franchise. Si donc les hommes de science trouvent que nous avons eu raison dans ce travail, ils doivent le reconnaître. Si, au contraire, ils jugent que nous avons fait fausse route, qu'ils veuillent bien le dire et le prouver, nous l'avouerons immédiatement.

www.ingramcontent.com/pod-product-compliance
Lightning Source LLC
Chambersburg PA
CBHW060620050426
42451CB00012B/2349